Das neue Geschichtenbuch zur Erstkommunion

Tanja Jeschke

Das neue Geschichtenbuch zur
Erstkommunion

Mit farbigen Bildern
von Isabelle Dinter

Gabriel

Inhalt

Meine geschmückte Lena

Ich heiße Martina und kann auf meinen eigenen zwei Beinen gehen. Jetzt wundert euch bloß nicht, dass ich das so sage! Ja, ich weiß schon, dass ihr das auch könnt und dass es für euch doch das Normalste auf der Welt ist. Aber für meine Lena nämlich nicht.

Lena ist meine allerbeste Freundin und ich bin ihre allerbeste Freundin und Lena sitzt im Rollstuhl. Das ist für sie das Normalste auf der Welt, meistens jedenfalls. Denn sie ist noch nie in ihrem Leben einen einzigen Schritt auf ihren Beinen gegangen. Sie hat zwar auch zwei Stück davon, aber die gehen nicht. Sie tun es einfach nicht. Meine Mutter sagt, Lena hat diese Art von Beinen schon seit ihrer Geburt. So ist das bei manchen Menschen. In der Stadt habe ich auch schon ein paar Rollstuhlfahrer gesehen, die mit ihrem Rollstuhl selber in die Straßenbahn eingestiegen sind. Der Fahrer hat eine Rampe ausgeklappt und so konnte der Rollstuhl in die Bahn hineinfahren. Habt ihr das auch schon mal gesehen?

Später, wenn wir groß sind, werden Lena und ich ganz viele Reisen machen. Wir werden sogar mit dem Zug fahren. Ich werde den Schaffnern dann immer sagen, wann sie die Rampe für Lena ausklappen sollen. Aber bis dahin dauert es noch ein bisschen. Und jetzt haben wir erst mal was zu feiern: Erstkommunion nämlich. Und zwar übermorgen. Also nur noch zwei Nächte schlafen. Das geht.

Lena und ich werden beide das gleiche weiße Kleid tragen, ein sehr, sehr schönes. Sie trägt es im Sitzen und ich im Stehen.

Gestern war ich bei Lena und da hatten wir eine ganz tolle Idee. Wir waren in ihrem Zimmer und wollten malen, aber das ging nicht. Denn da hing das Kleid am Schrank und sah so schön aus, dass wir es immerzu anschauen mussten.

»Es ist weiß wie Schnee«, sagte Lena.

»Und es glänzt wie unsere neue Mikrowelle!«, sagte ich. Wir strichen mit den Fingern über den glatten Stoff und die wurden dabei ganz kribbelig.

Lena sagte: »Ich möchte das Kleid am liebsten auch noch nach der Erstkommunion anziehen!«

»Ich auch!«, sagte ich. »Aber ein Brautkleid wird ja auch nur an einem einzigen Tag von der Braut getragen. Danach hängt es im Schrank oder sonst wo.«

»Wie schrecklich!«, sagte Lena und krauste ihre Nase, wie sie es immer macht, wenn sie sauer ist.

Plötzlich haute sie mit der Faust auf die Armlehne von ihrem Rollstuhl und zwar ziemlich doll. Ich war ganz erschrocken, was denn jetzt in sie gefahren war, und schaute sie an. Da sah ich, dass sie Tränen in den Augen hatte.

»Was ist denn los, Lena?«, rief ich.

Lena schluckte und schnupfte und schluchzte wieder und wieder. Und dann sagte sie: »Ich möchte in dem Kleid gern richtig gehen können …«

Sie hatte eine ganz kleine Stimme, als sie das sagte, so klein, dass ich gleich ganz traurig wurde. Jetzt kenne ich Lena schon urlange und ich kenne sie nur in ihrem Rollstuhl, der pinkrosa ist und hinten Griffe zum Schieben hat. Der Rollstuhl fährt so gut und ich dachte immer, für Lena ist er das Normalste auf der Welt. Denn für mich ist Lena in ihrem Rollstuhl ganz und gar prima.

Ich will keine andere, nur diese hier. Ich fahre sie gern herum. Manchmal flitzen wir ganz, ganz schnell und schreien dabei vor Lachen. Aber jetzt sah sie wirklich so aus, als wäre sie wütend auf ihren Rollstuhl. Wütend auf dieses pinke Ding. Sauer auf diese blöden Räder statt Beine.

Ich wusste gar nicht, was ich sagen sollte. Erst mal wurde ich auch böse, als ich so auf den Rollstuhl schaute. Wie konnte er es wagen, meiner Lena die Freude auf die Erstkommunion zu verderben! Was fiel ihm ein! Jetzt hatte Lena schon zwei Beine und konnte doch nichts mit ihnen anfangen! Und das an so einem Festtag, wo wir alle in unseren Kleidern herumlaufen würden – und Lena!? Warum ging es so ungerecht zu mit ihren Beinen?

Ich wusste wirklich nicht, was ich sagen sollte. Das Einzige, was mir einfiel, war: »Mist!« Und das sagte ich dann. Mit winziger Stimme. Aber dann – auf einmal – fiel mir noch etwas anderes ein. Etwas ganz und gar anderes!

»Lena!«, rief ich und meine Stimme war jetzt riesig: »Lena, wir schmücken ihn!«

»Den Rollstuhl?«, fragte sie.

»Ja! Dann passt er noch besser zu deinem Kleid!«

Da sagte Lena: »Und ich weiß auch schon, womit!«

Und wisst ihr, was wir dann geholt haben, heimlich? Ich sag's euch: Wir sind ins Schlafzimmer von Lenas Eltern rübergerollt. Lena hat auf den Kleiderschrank gezeigt, den hab ich aufgemacht. Und herausgeholt habe ich den Brautschleier von Lenas Mutter. Den hat die bei ihrer Hochzeit getragen. Und jetzt hing er da ganz unnütz herum. Ein wunderschöner Schleier. Mit ganz vielen Rosen aus Stoff besteckt.

Schnell, schnell sind wir wieder in Lenas Zimmer gerollt und haben die Tür gut zugemacht. Und dann haben wir den Schleier um den Rollstuhl gewickelt. Ganz plustrig. Oben über die Griffe habe ich ihn drübergelegt und hinten um die Rücklehne und an den Seiten über die Armlehnen. Und Lena hat daran herumgezupft und -gezogen, bis all die Stoffrosen gut sichtbar waren. Es sah aus, als würde der Rollstuhl blühen wie ein weißer Busch. Das gefiel Lena und mir sehr gut.

Und dann sind wir ins Wohnzimmer, wo Lenas Mutter saß und schon Servietten für das Fest faltete. Sie ist aufgestanden vor lauter Staunen. Sie hat gelacht und sich gefreut und gesagt: »Oh, du Hochzeits-Lena!«

Wenn wir übermorgen zur Erstkommunion gehen und rollen, dann wird Lena in ihrem Kleid mitten im Rosenbusch sitzen und ich werde sie schieben.

Und ich glaube fast, Lena und ich, wir werden die Schönsten sein von allen.

Das geliehene Pferd

Drei Jungs, zwei Fahrräder. Das ist blöde. Denn das heißt ja, dass Max nicht mit in den Wald reiten kann. Denn wer kein Fahrrad hat, hat auch kein Pferd. Und ein Pferd braucht man schließlich als Indianer. Es reicht nicht, dass man nur das riesige Farnkraut mit dem Stock wegschlägt wie mit einer echten Machete. Es reicht auch nicht, dass man ein Superkriegsbeil aus hartem Plastik im Gürtel stecken hat. Und dass man keine Angst vor den Birken hat, diesen weißen Feinden, die überall das Revier umzingeln, das reicht auch nicht. Max braucht ein Pferd.

»Wenn du keins hast, dann klau dir doch eins, Mann!«, sagt Tommi.

Jan pfeift scharf durch die Zähne. Max sieht, dass er das eine gute Idee findet. Jan ist der Älteste von ihnen und Max findet ihn sehr mutig und schlau. ›So muss ein Indianer sein‹, denkt er und starrt auf die Fahrräder der beiden. Die stehen da und scharren schon mit den Hufen. Er denkt kurz an sein altes Rad, das ganz kaputt in der Garage steht. Und er ärgert sich. Gleich werden die beiden lospreschen!

Nicht ohne mich, beschließt Max grimmig. Er fühlt plötzlich eine große Portion Indianermut in seinem Bauch. Und er weiß jetzt, was er tun wird.

»Kommt mit auf den Schulhof!«, sagt er.

Es ist Nachmittag und der große gepflasterte Platz hinter dem Schulgebäude liegt leer in der Sonne. Das ist die Steppe. Und gleich wird Max sich ein Wildpferd fangen. Davon gibt es hier eine ganze Herde. Denn am Nachmittag sind die Kinder vom Flötenunterricht in der Schule und ihre Fahrräder stehen in den Ständern.

»Leihen ist nicht klauen«, sagt Max und findet ein Fahrrad ohne Schloss. Sein Herz klopft wild, aber das gehört zu jeder Mutprobe. Und sich ein Fahrrad ausleihen, nur für einen Nachmittag, das ist doch eine Mutprobe, oder? Klar ist das eine! Jan grinst schon so.

Und dann fahren sie los in den Wald. Es geht schneller und schneller, im Galopp. Und da kommt das kleine schlechte Gewissen, das Max vorhin doch ein bisschen gehabt hat, gar nicht mehr hinterher. Es verfliegt im Wind, der um Max' Stirn weht und um sein Pferd. Wie gut das Wildrad die schmalen Pfade nimmt! Und wie es über die Baumwurzeln springt! Schneller als Tommi und Jan!

Da wird der Boden weicher. Es geht über eine Wiese mit hohem Gebüsch den Abhang hinunter. Die drei Jungs sausen jetzt nebeneinander und keiner von ihnen sieht, dass da schon der Fluss kommt. Das Ufer ist ganz zugewachsen, die Pferde merken auch nichts und – schwups! – landen sie alle mitsamt ihren Pferden im Wasser.

Max spürt das kalte Wasser und den schlammigen Boden des Flusses unter seinen Füßen. Das Fahrrad ist irgendwo, egal, er will hier raus. Alle drei spritzen und schlagen um sich, während sie so schnell wie möglich zum Ufer waten. Das ist über und über mit Brennnesseln bewachsen. Und um hier wieder rauszukommen, müssen sie sich leider, leider an den Brennnesseln hochziehen – es geht nicht anders.

Max beißt die Zähne zusammen und macht den Anfang. Sofort brennen seine ganzen Arme wie Feuer, aber endlich ist er oben.

Und trieft und schnauft. Jan und Tommi kommen hinterhergeklettert. Dann stehen sie da und

Kinderbücher
für 6- bis 8-Jährige

THIENEMANN VERLAG

Otfried Preußler
Der Räuber Hotzenplotz

Foto: Francis Koenig

128 Seiten mit Illustrationen
von F.J. Tripp · Gebunden
Euro-D 11,90/Euro-A 12,30/CHF 22,50
ISBN 978 3 522 10590 3

Der Räuber Hotzenplotz stiehlt, bew net mit seiner Pfefferpistole, die sing de Kaffeemühle der Großmutter. Zu Glück gibt es aber noch Kasperl, Se und Wachtmeister Dimpflmoser, die Ordnung wiederherstellen. Der Kind buch-Klassiker von Otfried Preußler!

Sebastian Lybeck
Latte Igel und der Schwarze Schatten

176 Seiten mit farbigen Illustrationen
von Daniel Napp · Gebunden
Euro-D 14,90/Euro-A 15,40/CHF 27,50
ISBN 978 3 522 18052 8

Latte Igel ist entführt worden! D Schwarze Schatten hat ihn in sein Re gezaubert. Latte Igel hat nur eine Chan um wieder in seinen geliebten Wald rückzukommen. Doch dazu braucht den magischen Handschuh. Und der findet sich im Besitz des Schwarz Schattens ...

schauen auf den Fluss, auf dessen Grund noch ihre Pferde liegen. Das Wasser rinnt an ihnen herab, in den Schuhen quatscht es, die Hände sind ganz weiß geschwollen von den Brennnesseln.

Max denkt ganz kurz, dass er ja ein Indianer ist. Also muss er sich auch so benehmen. Ein bisschen hilft es. Aber das Fahrrad? Das ist jetzt überhaupt kein Pferd mehr. Es ist nur noch ein Ding im Fluss, das nicht ihm gehört. Wem es wohl gehört?

»Mein Vater hat zu Hause eine lange Stange. Wir können die Räder damit herausfischen«, schlägt Jan vor. Es ist ein sehr weiter Weg zurück.

Tommi sagt zu Max: »Wir verraten nicht, dass du das Rad geklaut hast. Indianerehrenwort.«

»Ich habe es nicht geklaut, ich habe es geliehen!«, sagt Max. Er ist sehr wütend auf seine juckenden Hände. Und dass alles so nass ist.

Jans Vater ist da. Er schimpft und sagt, sie sollen sich schleunigst trockenes Zeug von Jan anziehen. Dann holt er die Stange und kommt mit zum Fluss. Max will am liebsten gar nicht mit. Was soll er da? Das ist doch gar nicht sein Fahrrad! Wenn er es im Fluss liegen lässt, merkt keiner was. Das wäre doch die Lösung! Aber was würde Jans Vater denken, wenn er nicht mitkommt? Und dann könnte es ja auch sein, dass der das fremde Rad zuerst rauszieht. Und dann? Wem würde das dann gehören?

Max geht also mit, aber ganz langsam.

Der Vater ist geschickt. Er zieht ein Fahrrad nach dem anderen aus dem Fluss. Zuerst Tommis, dann Jans und dann das letzte.

»Hier ist deins, Max«, sagt er und stellt das schlammige Ding vor Max auf die Wiese.

Max starrt es an. Was für ein scheußliches Fahrrad.

»Das ist nicht meins«, sagt er und wischt mit der Hand über den Sattel. »Ich hab's mir nur kurz … geholt.«

Der Vater guckt, als würde er ihn nicht verstehen.

»Geklaut, mein ich«, sagt Max und wird dabei rot wie eine echte Rothaut. Warum hat er sich verraten? Das war doch gar nicht nötig. Jans Vater kennt ihn doch kaum. Max schaut den Vater verlegen an. Er möchte, dass der was sagt.

»Das war keine gute Idee, ist dir das klar?«, sagt der Vater.

»Sonnenklar«, antwortet Max und ist froh darüber, dass er es verraten hat.

Alle gehen zurück in Jans Garten. Dort stellt der Vater den Gartenschlauch an und spritzt die Fahr-

räder ab. Dann geht er ins Haus und kommt mit einer Keksschachtel wieder. Die drückt er Max in die Hand.

»Die ist nicht für dich. Du weißt schon!«, sagt er.

Max fährt auf dem fremden Rad zum Schulhof und stellt es dorthin, wo es vorher stand. Er klemmt die Keksschachtel auf den Gepäckträger und sagt ganz laut:

»Entschuldigung!«

Die Steppe hört es. Und dann geht er heim.

Als Nodi neu war

Früher war ich ein Einzelkind. Da gab es in unserem Haus nur Papa, Mama und mich, Karin. Natürlich habe ich immer ganz viele andere Kinder zum Spielen eingeladen und dann habe ich so getan, als wären sie alle meine Geschwister. Aber abends musste ich dann allein in die Badewanne und da spätestens ist mir wieder eingefallen, dass ich ja Einzelkind bin.

Manchmal war es aber auch schön, so viel Platz für mich allein zu haben. Nicht nur in der Badewanne, auch sonst. Und dass Papa und Mama nur mir zuhören mussten und nicht auch noch einem Geschwisterchen, hat mir auch gefallen. Ihre Ohren sind sowieso nicht so groß, wie sie sein sollten. Sie reichen manchmal noch nicht mal für mich aus.

Aber trotzdem! Ich wollte einfach kein Einzelkind sein. Ich wollte jemand genauso Kleines wie mich haben, der auch bei uns zu Hause wohnt, und zwar immer, und der das gleiche Geschirr benutzt wie ich, die gleichen Eltern hat und das gleiche Klo und so. Und dass ich so jemanden nicht hatte, das hat mich traurig gemacht.

Alle, alle haben Geschwister, nur ich nicht, habe ich gedacht. Sogar die Bäume haben welche! In unserer Straße stehen nämlich Bäume, die sind Geschwister, das weiß ich. Denn sie haben alle dieselbe Rinde: braun und schrumpelig mit ganz vielen tiefen Schrammen. Es sind Eichen, sagt Papa. Die Eichen fassen sich an den Händen, an ihren Ästen meine ich, und stehen so zusammen da. Und wenn sie Blätter tragen, winken sie sich zu. Und im Herbst bewerfen sie sich gegenseitig mit Eicheln, aus Spaß und weil sie Geschwister sind. Es muss so Spaß machen, Geschwister zu haben, habe ich gedacht.

Und eines Tages haben Mama und Papa dann Nodi zu uns geholt. Er hat in einem Kinderheim gewohnt, weil er keine Eltern hat. Nodi ist mein kleiner Bruder geworden. Er wohnt richtig mit uns, hat den gleichen Nachnamen wie ich. Mama und Papa sind seine Eltern geworden und ich bin seine Schwester. Adoptiert nennt man das. Er war ein Jahr alt, als wir ihn geholt haben. Jetzt ist er vier und ich bin schon neun. Er ist also immer noch klein, während ich neulich schon Erstkommunion hatte. Aber man kann schon was mit ihm anfangen.

Als er noch ganz neu war, habe ich ihn im Kinderwagen herumgeschoben. Alle Leute sollten ihn sehen und so staunen wie ich!

Schaut her, das ist Nodi, mein Bruder, hätte ich am liebsten laut gerufen.

Nodi saß da und guckte mit seinen großen Augen herum. Knuffig sah er aus, wirklich. Und so neu. Und außerdem ist Nodi ja schwarz. Das habe ich ganz vergessen zu sagen. Ja, er hat eine schwarze Hautfarbe. So wie ich eine weiße habe.

Also, ich bin mit ihm unter den Eichenbäumen spazieren gegangen. Die Straße hinauf und wieder hinunter. Weiter durfte ich noch nicht. Ich war da ja erst acht Jahre alt. Da kam uns eine alte Frau entgegen. Sie hatte einen Gehstock. Als sie bei mir und Nodi angelangt war, blieb sie stehen, schaute Nodi an und klopfte mit dem Stock auf den Boden und rief: »Nein, wie goldig! Wie goldig!«

Dann fragte und fragte sie lauter Sachen. Ich weiß gar nicht mehr, was, aber sie wollte alles wissen von Nodi, woher er kam und alles. Ich habe gesagt, was ich wusste, und sie hat immerzu mit ihrem Stock auf den Boden geklopft und Nodi angeschaut – und mich gar nicht.

Und als sie weiterging, kam gleich noch jemand, ein alter Mann. Der blieb auch stehen und hat auch ganz viel gefragt und Nodi angeguckt. Und danach wieder eine Frau. Und wieder nur Nodi, Nodi, Nodi. Und manche haben mir Süßigkeiten gegeben. Aber eigentlich gar nicht mir, sondern ich sollte damit Nodi füttern. So war das und so hatte ich mir das nicht vorgestellt.

Was, wenn er jetzt immer wichtiger war als ich? Und was, wenn auch Mama und Papa ihn lieber mochten als mich? Er war so neu und schwarz – und ich war alt und weiß.

Ich blieb stehen und aß erst mal alle Süßigkeiten allein auf. Nodi schlief. Ich schaute ihn an und seine Haut. Und dann guckte ich zu den Eichen. Und ich dachte: ›Nodi ist ja gar kein richtiges Geschwisterchen. Er hat ja eine ganz andere Rinde als ich.‹

Vielleicht könnte ich mir Schuhcreme ins Gesicht schmieren wie an Fasching, dann wäre ich auch schwarz, überlegte ich. Aber ob Papa und Mama mich dann noch erkennen würden? Sicher nicht! Und dann würden sie mich vielleicht in das Kinderheim tun, aus dem wir Nodi geholt hatten.

›Das Beste wäre, ich lasse Nodi hier einfach stehen‹, dachte ich. ›Er ist ja so goldig. Es wird schon jemand kommen und ihn mitnehmen.‹

Es war gar nicht so einfach, ohne Nodi weiterzugehen. Immerhin war er schon mein Bruder. Ich machte deswegen die Augen zu und versuchte ganz doll, ihn zu vergessen. Aber er fiel mir sofort wieder ein. Ich ging trotzdem los, mit geschlossenen Augen.

Und mit winzigen Schritten. Nodi, Nodi, Nodi, dachte etwas in meinem Kopf.

Und – peng! –, da stieß ich gegen einen Baum. Ich machte die Augen auf und sah, dass ich nicht weit gekommen war. Nodi saß da in seinem Wagen und schlief immer noch.

Jetzt machte er seine Augen auf. Wir schauten uns an. Und da sah ich, dass er mich wirklich schon ein bisschen kannte. Er verzog nämlich sein Gesicht, als hätte er Hunger und wüsste, dass ich ihm alles weggefuttert hatte. Und er fing an zu weinen.

Und ich auch. Wir weinten beide, und zwar immer lauter. Ich nahm den Wagen und lief so schnell ich konnte mit Nodi nach Hause. Nodi schrie wie am Spieß.

»Was ist denn passiert, Karin?«, wollte Mama wissen, die uns die Haustür aufmachte.

Da habe ich ihr alles erzählt. Auch, dass ich Nodi stehen lassen wollte.

Sie nahm Nodi auf den einen Arm und mich auf den anderen. Und da habe ich zum ersten Mal gemerkt, dass sie ja zwei Arme hat, und Papa auch. Für jedes Kind einen ganzen Arm. Seither weiß ich: Das reicht.

Der traurige Zahnarzt

Immer wenn Jonas zum Zahnarzt muss, kriegt er vorher Bauchweh. Das ist vielleicht komisch! Dabei hat er dieses Mal extra schon drei Tage vorher aufgehört, Gummibärchen zu essen, damit sich seine Zähne bloß keine Löcher holen. Er hat fast gar nichts mehr gegessen, weil sein Appetit futsch war, nur noch saure Äpfel. Denn die Oma hat gesagt, Äpfel reinigen das Zahnfleisch. Aber natürlich hat er sich trotzdem noch die Zähne geputzt wie wild, viermal am Tag mindestens fünf Minuten.

Bernd, sein großer Bruder, hat gesagt: »Halt die Ohren steif, Kleiner! Das überlebst du schon!« Und Jonas hat auch das gemacht. Er hat die Ohren so steif gehalten, dass sie ganz hart wurden.

Es ist aber auch zu dumm, dass man die Löcher in den Zähnen nicht selber finden kann! Dann könnte Jonas sie vor dem Zahnarztbesuch selber stopfen, mit Knete oder so. Aber sosehr er auch mit weit aufgerissenem Mund vor dem Spiegel steht und alles absucht – er entdeckt die Löcher nie, die der Zahnarzt immer sofort sieht.

Das Bauchweh wird schlimmer und Jonas sagt zur Oma: »Ich glaub, ich bin krank. Ich geh mal lieber ins Bett.«

Da nimmt die Oma seinen Kopf zwischen ihre Hände und schaut ihm in die Augen.

»Nee, mein Junge, krank bist du nicht. Das ist bloß das Zahnarzt-Bauchweh!«, sagt sie. Was die Oma immer alles weiß … Da kann man nichts machen, schon gar nicht, wenn man erst neun Jahre alt ist! Bernd, der schon Mofa fährt, hat es gut. Der tut immer, was er will, und die Großen seufzen nur noch ab und zu hinter ihm her, mit rollenden Augen, mehr nicht. Aber er, Jonas, er muss sich alles gefallen lassen, vor allem vom Zahnarzt!

Am Donnerstagnachmittag ist es leider so weit. Jonas bleibt so lang es geht auf dem Klo. Aber auch die Uhr tut, was sie will, und Jonas starrt auf den fiesen großen Zeiger, der immer weiter vorrückt, und versucht noch einmal, die Ohren steif zu halten. Da klopft jemand an die Klotür.

»He, Kleiner«, sagt Bernd, »ich fahr dich schnell mit dem Mofa hin!«

Da traut sich Jonas raus. Bernd pufft ihn locker vor sich her, bis sie draußen vor der Garage sind. Hier steht das Mofa. Sie setzen sich die Helme auf. Dabei fühlt sich Jonas immer besonders stark, auch dieses Mal, und das Bauchweh wird schon etwas weniger.

Sie düsen die Straßen entlang. Jonas hält Bernds Rücken umklammert. Er könnte ewig so weiterfahren und er denkt daran, was Bernd neulich gesagt hat: dass Jonas das Mofa in ein paar Jährchen haben kann, nämlich dann, wenn Bernd sich eine große Yamaha kauft.

Der Zahnarzt wohnt in einer sehr hässlichen Straße. Das Haus sieht selbst schon wie ein Zahn aus – weiß mit Löchern, denkt Jonas, als er zu den Fenstern hinüberschaut, hinter denen der Bohrer sirrt.

»Ich hol dich nachher wieder ab!«, sagt Bernd und klopft ihm auf die Schulter. Jonas hält seinen Helm vor den Bauch, der sich schon wieder meldet. Bernd saust davon und winkt.

Jonas geht allein die Treppen hinauf. Das Wartezimmer ist voll, aber einen freien Stuhl gibt es noch. Jonas schnappt sich eine Motorradzeitschrift vom Tisch in der Mitte und setzt sich. Der Helm liegt auf seinen Knien. Das ist gut, denn dann sehen die andern nicht, dass sie zittern.

Gleich auf der ersten Seite ist eine Yamaha abgebildet – und was für eine! Am liebsten würde er die Seite für Bernd herausreißen. Und er tut es einfach. Er faltet das Papier und steckt es sich vor allen Leuten in die Hosentasche. Da kommt die Sprechstundenhilfe und ruft ausgerechnet seinen Namen auf. Wo doch hier so viele andere Leute sitzen, die vor ihm da waren!

Er nimmt den Helm und geht in diesen Raum mit dem viel zu hellen Licht, blinzelt und klettert auf den Zahnarztstuhl. Jetzt bekommt er das dämliche Papierlätzchen umgebunden. Dann hört Jonas, wie der Plastikbecher neben ihm automatisch mit Wasser aufgefüllt wird. Das alles kennt er nur zu gut. Aber der Schmerz beim Bohren, der ist jedes Mal ganz neu und ganz schrecklich. Und eigentlich müsste man doch dabei die Zähne zusammenbeißen! Stattdessen immer dieses mühsame Maulaufsperren.

Ich bin doch kein Krokodil, denkt Jonas und drückt den Helm ganz fest auf seinen Bauch.

Der blöde Zahnarzt ist noch nicht da. Die Sprechstundenfrau sagt irgendetwas, aber Jonas' Ohren sind so steif, dass sie nichts hören.

Da geht die Tür auf. Ein weißer Kittel schlackert herein und darin steckt der Zahnarzt. Jonas schaut zur Decke hinauf, aber da ist diese viel zu helle Lampe und blendet ihn. Und so macht er die Augen einfach zu und wartet.

»Guten Tag, Jonas. Wie geht's?«, sagt der Zahnarzt und streckt ihm die Hand hin.

»Gut«, sagt Jonas.

Sonst redet der Zahnarzt immer ganz viel, um Jonas abzulenken, aber heute ist er merkwürdig still. Er geht in eine Ecke und schreibt etwas auf eine Karte. Es dauert alles sehr lang. Jonas wundert sich schon. Da hört er, wie der Zahnarzt die Nase hochzieht. Und als er zu ihm hinschaut, sieht er, dass dem Zahnarzt ein paar Tränen übers Gesicht laufen.

Jonas ist so erstaunt, dass sein Mund automatisch aufgeht und aufbleibt. Was hat der Zahnarzt denn? Ob er selber Zahnweh hat und nicht weiß, wie er sich selber bohren soll? Aber das ist sicher Quatsch. Vielleicht hat er auch nur ein paar Zwiebeln geschnitten? Aber das ist sicher auch Quatsch. So was tut ein Zahnarzt doch nicht um diese Zeit.

Der Zahnarzt putzt sich die Nase und kommt her zu ihm.

»Mein Hund ist heute gestorben«, sagt er und seine Lippen zittern, so wie vorhin Jonas' Knie.

Dann nimmt er so einen hellgrünen Mundschutz und versteckt Mund und Nase dahinter. Seine Augen gucken traurig drüber weg.

»Mein Hamster ist auch tot«, sagt Jonas leise. »Er hatte einen Wurm.«

»Mein Hund war einfach schon uralt«, murmelt der Zahnarzt. Die Worte bleiben hinter dem Mundschutz stecken. Und als der Zahnarzt dann ein bisschen bohren muss, tut es viel weniger weh als sonst.

Draußen auf der Straße wartet Bernd mit einer Tüte Gummibärchen.

»Der Hund vom Zahnarzt ist gestorben«, sagt Jonas und steigt aufs Mofa. Und ab geht's.

Coca-Cola aus dem Wasserhahn

Als Katja an diesem Morgen aufwachte, wusste sie sofort, dass irgendetwas anders war als sonst. Aber was? Das Zimmer sah aus wie immer. Katja schnupperte und da sagte ihre Nase laut und deutlich:

Ein neuer Duft
liegt in der Luft!

Katja kicherte ins Kopfkissen. Seit wann können Nasen reimen? Aber ihre Nase hatte recht.

Es riecht ja nach Stroh
wie gestern im Zoo!, dachte Katja und merkte, dass ihre Gedanken genauso reimten wie ihre Nase.

Was sind denn das für Sachen?
Da muss ich aber lachen!

Sie lachte also und ihre Nase nieste dazu zweimal, weil sich ja Hatschi auf Hatschi reimt. Und dann war Katja so wach, dass sie aufstand und sich auf die Suche nach dem Zoo-Stroh machte. Sie lief im Zimmer umher und schaute in alle Ecken, unter den Tisch und in den Papierkorb, fand aber nichts.

Hier ist kein Stroh.

Es riecht nur so, dachte sie und zog den Vorhang am Fenster zur Seite.

Da war eine Giraffe, die ganz unten auf der Straße stand und hier oben im zweiten Stock durch Katjas Fensterscheibe guckte.

Ich glaub, mich laust der Affe!

Das ist eine Giraffe!

Katja war begeistert. Sie öffnete das Fenster ganz.

Die Giraffe sagte:

Guten Morgen! Guten Morgen!

Kannst du mir ein Frühstück borgen?

Und Katja antwortete:

Aber klar, Giraffe!

Möchtest du Kaffee?

Danke, nee, nee!

Auch keinen Tee!, sagte das himmelhohe Tier.

Ich möchte dein Diktatheft kauen.

Das lässt sich sicher gut verdauen.

Wenn eine Giraffe Hunger hat, sollte man nicht zimperlich sein. Also holte Katja ihr Diktatheft aus der Schultasche, riss die Seiten mit dem schwierigsten Diktat heraus und fütterte damit die Giraffe.

Hmm! Deine Fehler schmecken fein!

Lass bloß nie die Fehler sein!, sagte die Giraffe und schleckte sich das Maul.

Dann verabschiedeten sich die beiden, denn die Giraffe musste in den Zoo und Katja in die Schule, was ja fast dasselbe ist.

Aber erst mal ging Katja ins Badezimmer, um zu duschen. Sie wollte eben das Wasser anstellen, da hörte sie von oben einen ohrenbetäubenden Trompetenstoß. Und als sie den Kopf hob, sah sie auf der Stange vom Duschvorhang einen kleinen Elefanten sitzen.

Ich sitze hier und übe Töne

und wie du hörst – ganz wunderschöne!, sagte er und trötete.

Mit meinem Rüsselwasser

wirst du noch viel, viel nasser!, rief der Elefant und bespritzte Katja mit einer großen Ladung Wasser aus seinem Rüssel. So einen Spaß hatte Katja schon lange nicht mehr beim Duschen gehabt. Sie verzichtete auf die Seife und fühlte sich hinterher so elefantensauber wie noch nie. Beim Abtrocknen fragte sie den Elefanten, ob er denn auch einen Knoten in seinen Rüssel machen könne.

Nein, ich mach nur Töne,

und zwar wunderschöne!, rief er und stieß wieder in seine Trompete, so laut, dass er fast von der Stange gepurzelt wäre.

Dann ging Katja frühstücken. Die Eltern und ihr Bruder Sven saßen schon am Tisch und auch ein Flamingo hockte dabei, der sich eben mit dem Schnabel ein Brötchen schmierte.

Hallo, es gibt Marmelade.

Schon leer. Wie schade!, sagte der Flamingo und stocherte vorwurfsvoll mit dem Schnabel im fast leeren Marmeladeglas herum. Die Mutter stand eilig auf und holte ein neues Glas, aber mit Honig.

Igittigitt,

den mag ich nit!

Der Flamingo schüttelte seinen langen, dünnen Hals so heftig, dass ein paar Flaumfedern über den Tisch flogen.

Nun halt mal deinen Schnabel,

sonst gibt's was mit der Gabel!, brummte der Vater.

Das gefiel dem Flamingo gar nicht. Er plusterte sich ein bisschen auf und steckte seinen Kopf ins Gefieder.

Jetzt ist er wohl sauer.

Aber nicht auf Dauer, meinte die Mutter.

Alle warteten, was jetzt passierte, und aßen vor sich hin.

Katja nahm sich zweimal so dick Nutella wie sonst, denn auf Nutella reimt sich nur Nutella. Und das schien den Flamingo sehr zu interessieren. Er äugte aus seinem Federkleid herüber auf ihr Brot.

Das ist doch verboten!, kreischte er empört.

Ich mach gleich einen Knoten!

Und tatsächlich! Das, was der kleine Elefant nicht gekonnt hatte, war für den Flamingo ein Kinderspiel: Er machte in seinen langen dünnen Hals einen Knoten. Er dachte wohl, er könnte Katja damit zur Strafe für all ihr Nutella erschrecken. Aber die klatschte nur begeistert Beifall mit der ganzen Familie. Und da nickte der Flamingo gnädig in alle Richtungen.

Jetzt musste Katja Zähne putzen. Sie ging ins Badezimmer. Der Elefant war nicht mehr da.

Wo ist er, wo?

Oh, wohl im Zoo, dachte Katja und drehte den Wasserhahn auf. Aber, was da herausfloss, war Coca-Cola. Sie trank gleich zwei Zahnputzbecher voll davon, denn auf Coca-Cola reimt sich bloß Coca-Cola – und es schmeckte zweimal so gut wie sonst.

Dann packte sie rasch ihre Schultasche, steckte das Diktatheft ein, dieses ausgefranste Giraffenfrühstück, und hätte beinahe noch selbst hineingebissen, wenn sie nicht so Nutella-satt gewesen wäre.

Draußen stand Sven schon mit den zwei Cityrollern und wartete auf sie. Der Flamingo kam herbei und öffnete ihnen mit einer tiefen Verbeugung die Gartentür.

Katja flitzte davon. Es ging doppelt so schnell wie sonst. Da merkte sie, dass der Cityroller von selbst fuhr, ohne dass sie irgendetwas tun musste. Er fuhr sogar schneller als die Autos auf der Straße.

In dem Moment, als sie an der roten Ampel halten musste, schlug sie die Augen auf und sah, dass sie alles, alles, aber auch alles, nur geträumt hatte. Da gluckste ihr Bauch.

Das ist der Coca-Cola-Schaum
aus meinem Traum, dachte Katja und kicherte in ihr Kopfkissen.

Die Erstkommunionbande von Pfarrer Dachs

Morgen haben wir Erstkommunion. Und gestern, da haben wir etwas angestellt, etwas ganz und gar … Aber das wird jetzt der Reihe nach erzählt. Denn das ist eine längere Geschichte! Hört gut zu.

Zuerst mal muss sich unsere Bande vorstellen, damit ihr wisst, mit wem ihr es zu tun habt. Wir sind die Erstkommunionbande von Pfarrer Dachs.

Pfarrer Dachs ist aber nicht unser Anführer. Wir lassen uns nämlich von niemandem anführen. Wir bestimmen alles selbst. Denn Pfarrer Dachs hat gesagt: »Ihr habt einen eigenen Kopf. Lasst euch den von niemandem wegnehmen. Ihr habt nur einen!« Und deswegen durften wir bei ihm im Kommunionunterricht auch immer ganz viel mitreden und unsere Meinung sagen. Und seitdem haben wir überhaupt erst kapiert, was das ist, eine eigene Meinung. Es macht viel Spaß, eine zu haben, erst recht, wenn die der anderen Kinder ganz verschieden ist. Dann geht es wild zu. Und Pfarrer Dachs hat das geduldig ausgehalten. »Ihr seid mir eine Bande!«, hat er immer gesagt.

Und natürlich hat er uns auch gesagt, was in seinem eigenen Kopf drin ist. Er hat uns all diese spannenden Geschichten von König David, Mose und Abraham erzählt und ein bisschen was über die Kirche und viel von Gott. Wir haben alles Wichtige gelernt. Aber das glauben die Leute aus der Gemeinde wohl nicht so recht. Sie denken immer, dass Pfarrer Dachs uns nicht die richtigen Dinge beibringt. Aber das stimmt nicht. Wir wissen genau, warum wir zur Erstkommunion gehen und was das alles bedeutet. Wenn man einen eigenen Kopf hat, geht man doch nicht einfach so und ganz dumm dorthin. Da will man doch wissen, was man tut und warum.

Wenn die Erwachsenen denken, wir sind so blöde und machen nur nach, was sie uns in der Kirche vormachen, irren sie sich eben. Dann sollen sie uns doch fragen, was wir alles von Pfarrer Dachs gelernt haben. Aber das tun sie nicht. Stattdessen denken sie falsch über Pfarrer Dachs und glauben das auch noch. Und nur, weil er anders ist als die anderen Pfarrer und weil er so lustige Ideen hat.

Vor allem seitdem er einen Papagei hat, sind die Leute gar nicht mehr mit ihm einverstanden.

Pfarrer Dachs' Papagei heißt Linda und sitzt manchmal auf seiner Schulter, wenn er uns unterrichtet. Linda ist bunt und nett, aber dumm, denn sie sagt alles nach, was man ihr vorsagt.

Die Küsterin ist einmal in die Gruppenstunde gekommen, um Pfarrer Dachs etwas zu fragen. Da hat sie gesehen, dass sein Papagei auf seiner Schulter saß und alles nachgeplappert hat.

Das hat sie dann wohl gleich allen erzählt. Und keiner außer unserer Bande hat verstanden, was der Papagei da sollte. Alle haben dem Pfarrer Dachs heimlich den Piepvogel gezeigt. »So ein Unfug. Jetzt übertreibt er aber«, haben sie gesagt.

Dabei war es doch ganz anders. Pfarrer Dachs hat uns an dem Tag nur einen großen Unterschied beigebracht. Den Unterschied zwischen Ja-Sagen und Ja-Nachplappern. Und den zwischen Nein-Sagen und Nein-Nachplappern. Linda hat das prima vorgemacht. Seitdem wissen wir noch besser, was wir bei der Erstkommunion eigentlich tun. Und nicht nur da.

Aber die Leute sind nur noch misstrauischer geworden. Und dann ist das Unglück passiert.

Pfarrer Dachs ist vom Birnbaum gefallen. Er wollte einen Starenkasten an einem Ast anbringen und ist oben im Baum herumgeklettert. Und dann ist er heruntergefallen und hat sich beide Arme gebrochen. Das war letzte Woche. Und jetzt trägt er eine Gipsschiene, rechts und links.

»Nun wird eure Erstkommunion vielleicht eine etwas steife Angelegenheit. Aber das macht nichts. Darauf kommt es nicht an!«, sagte Pfarrer Dachs, als er mit seinen beiden Gipsarmen die letzte Gruppenstunde hielt.

Da klopfte es an die Tür. Herein kamen zwei Männer aus der Gemeinde, Herr Meier und Herr Ruder, und ein fremder Mann.

»Guten Tag, Herr Pfarrer!«, sagten sie. Sie schüttelten ihm nicht die Hand, denn das ging ja nicht.

»Wir denken, Sie können mit Ihren Armen die Erstkommunion doch gar nicht richtig abhalten, Herr Pfarrer«, sagte Herr Ruder. »Und da haben wir für Ersatz gesorgt, Herr Pfarrer. Dies ist Pfarrer Kahl aus der Stadt, Herr Pfarrer. Er wird Sie am Sonntag gut vertreten, Herr Pfarrer.«

Herr Pfarrer, Herr Pfarrer – das klang wie der Papagei. Wir konnten uns ein Kichern nicht verkneifen. Aber dann wurden wir ganz still. Was hatte der gesagt? Ein anderer als Pfarrer

Dachs sollte unsere Erstkommunion halten? Und wir wurden gar nicht gefragt?

»Nein, Pfarrer Dachs kann seine Arme trotzdem benutzen!«, rief einer aus unserer Bande.

»Nicht dazwischenreden, ohne sich zu melden, Kinder!«, rief Herr Meier ärgerlich.

Und so kam es, dass Pfarrer Dachs einfach ersetzt werden sollte. Er ging nach der Stunde ganz still aus dem Raum hinaus. Wir verkrümelten uns draußen auf dem Kirchplatz und strengten unsere Köpfe unheimlich doll an, um eine Lösung zu finden für den Fall. Denn eins war klar: Für unsere Erstkommunion kam kein anderer infrage als Pfarrer Dachs!

Schließlich hatte Timo die rettende Idee. Und die haben wir gestern in die Tat umgesetzt. Wir sind alle zu Timos Onkel gegangen, der Chefarzt in der Unfallklinik ist. Und weil er Timos Patenonkel ist, kann er ihm keinen Wunsch abschlagen. Und er hat jedem von uns wunderschöne Gipsarme verpasst, rechts und links. Das hat ganz schön lang gedauert. Aber endlich waren wir alle so weit. Jetzt musste das Zeug nur noch gut trocknen. Als wir genug gelacht hatten – denn es sah so komisch aus! –, gingen wir wie eine Bande von Armbrüchigen zu den Gemeindemännern

und zur Küsterin, die gerade in der Kirche die Erstkommunion vorbereiteten.

Wir gingen den langen Mittelgang entlang bis nach vorn zum Altar. Die Küsterin stellte gerade Blumen in die Vase. Herr Meier kam aus der Sakristei. Und da sahen wir auch Pfarrer Kahl. Der sah uns als Erstes. Er guckte nur. Herr Meier auch. Sie waren so verblüfft, dass sie gar nichts zu sagen wussten. Da drehte sich die Küsterin um.

»Du heiliger Klopstock!«, rief sie und ließ die Schere fallen.

Unsere ganze Bande stand da mit blauen Armen.

Und Timo sagte ganz mutig: »Wir haben alle auch Gipsarme. Da kann Pfarrer Dachs ruhig unsere Erstkommunion halten!«

Pfarrer Kahl nickte uns freundlich zu und machte sich aus dem Staub.

Herr Ruder kam die Treppe von der Empore runtergetrampelt, sodass die ganze Kirche erzitterte. So laut dürfen wir nie sein. Er schwenkte seine heilen Arme, als er durch den Mittelgang zu uns nach vorn lief, und rief: »Aber Kinder, das geht doch nicht, ihr könnt doch nicht!«

Aber wir konnten doch! Und ob wir konnten!

Und dann gingen wir zu Pfarrer Dachs. Er machte die Tür auf. Linda saß auf seiner Schulter und sagte ganz von selber: »Tag! Tag!«

Pfarrer Dachs brach in schallendes Gelächter aus, als er uns da stehen sah. Er warf seine Gipsarme in die Höhe, sodass Linda erschrocken mit den Flügeln flatterte.

»Wir wollten Ihnen nur sagen, dass Sie die Erstkommunion halten können. Wir haben alles geregelt«, sagten wir ihm.

»Das freut mich aber!«, rief Pfarrer Dachs begeistert.

»Freut mich! Freut mich!«, krächzte Linda.

Und dann haben wir alle zwei Eis bei ihm in der Wohnstube gegessen, in jeder Hand eines. Man kann nämlich mit Gipsarmen noch allerhand tun.

Britta haut ab

Britta wohnt am Meer. Ihre Eltern haben ein großes Fischgeschäft und oben drüber wohnt die Familie. Ganz unten im Keller stehen die Kühltruhen. Abends, wenn das Geschäft geschlossen hat, räumt die Mutter den übrig gebliebenen Fisch in die Truhen, all die Makrelen, die Schollen, die Barsche und auch die kleinen Krabben, die Britta so gerne isst. Britta hilft der Mutter manchmal dabei. Aber nur manchmal und nicht, wenn gerade Sommer ist. Im Sommer will Britta nämlich immerzu draußen am Wasser sein. Am Fischerhafen oder am Strand, das ist egal, Hauptsache am Wasser. Sie hat ein eigenes Netz, mit dem sie oft im Wasser herumläuft und Krebse fängt.

Heute Morgen hat sie gleich drei Krebse im Netz gehabt. Die hat sie der Mutter stolz ins Geschäft gebracht. »Mama, die kannst du verkaufen«, hat sie gesagt. Aber die Mutter war so beschäftigt, dass sie die Krebse gar nicht richtig angeschaut hat. Da war Britta ziemlich enttäuscht. Und dann ist am Abend noch was passiert:

Britta kommt müde vom Strand nach Hause. Nach den drei Krebsen hat sie nichts mehr gefangen. Und dann hat es auch noch angefangen zu regnen. So was Doofes!

Jetzt muss sie ins Haus, wo ihre Brüder Christoph und Markus nur mit dem langweiligen Computer spielen und nie mit ihr.

Britta schaut kurz im Geschäft vorbei, wo noch ein paar Kunden stehen. Sie nascht mit den Fingern ein paar Krabben und ihre Mutter sagt scharf, damit es die Kunden auch hören: »Du sollst doch die Gabel benutzen!« Dieses Mal sagt sie es besonders scharf.

Britta wird noch saurer, als sie es ohnehin schon ist. Sie geht in den Keller hinunter und hört dem Summen der Kühltruhen zu. Die sind wenigstens nicht unfreundlich zu ihr. Durch das Kellerfenster sieht sie den Regen draußen. ›Alles ist blöd‹, denkt sie.

Der Vater kommt, lädt eine Kiste Heringe ab, sagt: »Was machst du denn hier?«, und geht wieder.

»Nichts!«, sagt Britta laut und deutlich zu den

Kühltruhen. »Außerdem willst du das ja sowieso nicht wissen! Also frag nicht so dämlich!«

Dann kommt die Mutter und fängt an, die Vorräte einzuräumen. »Komm, Britta, hilf mir mal!«, sagt sie.

Britta hilft ihr zwar, aber sie sagt dabei keinen Ton. Und die Mutter merkt es nicht einmal. Sie räumt und räumt bloß und beugt sich tief über die Truhen.

›Fall doch rein!‹, denkt Britta.

Schließlich ist die Arbeit erledigt. Britta verschwindet nach oben und setzt sich vor den Fernseher.

Als sie am nächsten Tag von der Schule kommt, steht die Mutter am Herd und kocht Fischsuppe. Britta hasst Fischsuppe. Auch das noch!

»Britta! Du hast gestern Abend eine der Kühltruhen nicht ordentlich zugemacht!« Die Mutter schimpft. »Jetzt ist das Eis getaut und wir können den Fisch nicht mehr verkaufen. Papa und ich sind sehr ärgerlich auf dich!«

Jetzt reicht es Britta aber. »Das war ich doch gar nicht!«, schreit sie und schmeißt den Schulranzen auf den Fußboden. Dann rennt sie wütend hinaus, die Treppen hinunter und zum Hafen.

Dort steht eine Hütte, in dem alte Boote und

kaputte Netze liegen. Es ist eine wunderbare Hütte, in die selten jemand kommt. Man kann sich gut darin verstecken.

›Man kann hier sogar wohnen‹, denkt Britta, ›und das werde ich ab jetzt auch tun‹.

Sie bleibt den ganzen Nachmittag dort. Dann muss sie dummerweise aufs Klo. Sie geht in das Café an der Ecke. Und bei der Gelegenheit fragt sie Tante Tilde, die dort verkauft, ob sie ein Stück Kuchen haben kann, ein großes.

Das reicht erst mal bis morgen. Dann werde ich Fische fangen, beschließt Britta.

Sie sitzt in der Hütte oben auf einem Boot und schaut aus dem Fenster. Hier gibt es viel zu sehen. Und langweilig wird ihr gar nicht.

Dann fängt es an zu regnen und Britta singt ein Regenlied.

›Es ist viel schöner, allein zu wohnen als mit der Familie‹, denkt sie und isst den Kuchen. Richtig gemütlich ist ihr zumute. Und außerdem ist es ein starkes Gefühl, sich zu rächen.

Die anderen machen sich bestimmt schon Sorgen um sie. Sollen sie doch! Keiner wird auf die Idee kommen, sie hier zu suchen.

Allmählich wird es dunkel. Britta merkt, dass sie keine Kerze dabeihat. Aber sie findet eine alte

Decke in der Ecke. Sie legt sich in ein Boot und deckt sich zu. Ein bisschen hart ist es schon. Die Decke riecht nach Fisch. Das erinnert sie an zu Hause. Ihr wird plötzlich wehmütig. Fast fängt sie an zu weinen. Aber dann denkt sie an die groben Ungerechtigkeiten dort und sofort ist sie wieder sauer genug, um es hier ganz okay zu finden.

›Nie wieder gehe ich heim‹, denkt sie und schläft ein.

Aber nur eine kleine Weile. Dann wacht sie wieder auf, denn da miaut es vor ihrer Tür. Britta klettert aus dem Boot. Wie dunkel es ist! Durch das kleine Fenster kommt nur ein bisschen Licht von einer Hafenlampe. Sie öffnet die Tür. Eine Katze schlüpft herein und schmiegt sich an ihre Beine.

Britta freut sich sehr, dass sie Gesellschaft bekommen hat, und nimmt die Katze auf den Arm. Gemeinsam kuscheln sie sich ins Boot. Die Katze schnurrt laut.

»Du bist lieb!«, flüstert Britta. Und weil die Katze jetzt ihre Augen aufmacht und sie so anschaut, als wolle sie wissen, warum Britta hier im Boot liegt anstatt daheim im Bett, beginnt Britta ihr zu erzählen, wie alles gekommen ist.

»Die sind alle so gemein!«, schluchzt sie zum Schluss und die Katze streckt sich, bis sie ganz lang wird.

Plötzlich hört Britta ein Geräusch an der Tür. Erschrocken setzt sie sich im Boot auf und nimmt die Katze in der Dunkelheit ganz fest in den Arm.

Was war das? Wenn das ein Einbrecher ist? Sie und die Katze könnten ihn kratzen, aber ob das ausreichen würde, um ihn zu vertreiben? Brittas Herz klopft. Die Katze schnurrt noch lauter.

»Psssst!«, flüstert Britta ihr ins Ohr.

Da öffnet sich die Tür und jemand steckt den Kopf herein.

»Tante Tilde!«, ruft Britta erleichtert.

»Kind, hier bist du!«, sagt Tante Tilde. »Deine Eltern suchen dich schon überall und haben mich angerufen und gefragt, ob ich dich gesehen habe! Da dachte ich, ich schau mal hier nach!«

Sie kommt her und lehnt sich an das andere Boot.

»Ich wohn jetzt hier«, sagt Britta leise. Und dann erzählt sie Tante Tilde alles ganz genau, so wie zuvor der Katze, die ihr noch einmal aufmerksam zuhört.

»Oh, ich verstehe«, sagt Tante Tilde, als sie fertig ist. »Das Leben kann scheußlich zu einem sein.«

»Vor allem in Form von Eltern«, meint Britta.

»Ja, ich weiß.« Tante Tilde nickt.

Sie sind eine Weile still. Britta denkt daran, wie der Vater ihr neulich die Gummistiefel geklebt hat. Und wie die Mutter ihr aus Spaß mit der Zahnbürste den Hintern versohlen wollte. Wieso fällt ihr das denn jetzt gerade ein? Sie ist doch sauer. Die Katze klettert auf dem Bootsrand herum.

»Und jetzt möchtest du hier wohnen bleiben?«, fragt Tante Tilde.

»Ach«, seufzt Britta, »eigentlich nicht. Aber ich weiß doch nicht, wo ich das saure Gefühl hintun soll, das mir die ganze Zeit im Bauch herumspukt.«

»Ich spuck meines immer ins Hafenwasser«, sagt Tante Tilde.

Britta staunt. »Geht das? Und dann?«

»Dann sag ich den Leuten, dass ich mich geärgert habe und worüber und dass das alles jetzt in Gottes Meer hinausschwimmt.«

Die Katze springt vom Boot herunter und flitzt aus der Tür.

Britta weiß jetzt, was sie machen will. Wenn das funktioniert, was Tante Tilde da gesagt hat, dann will sie das zumindest mal versuchen. Schaden kann es ja nicht. Spucke hat sie genug.

»Warte hier«, sagt sie zu Tante Tilde.

Draußen an der Hafenmole bläst ein kalter Wind. Die Fischerboote schaukeln auf dem Wasser und machen schöne Schwapp-Geräusche. Ein paar Lampen brennen.

Britta spuckt. Aber es hilft noch nicht genug. Also noch einmal. Und sie denkt dabei an all die großen Gemeinheiten.

»Tante Tilde«, sagt sie, als sie in die Hütte zurückgeht. »Jetzt möchte ich nach Hause. Kommst du mit?«

Stina die Grosse

Stina ist ganz schön mutig. Die Jungs aus ihrer Klasse, die alle viel größer sind als sie, denken sich oft aus, wie sie Stina am besten ärgern können. Sie stellen sich zum Beispiel vor ihr auf, gucken von oben an ihr herunter, suchen mit den Augen den Fußboden ab und rufen dann: »Ach, da ist sie ja! Ich habe Stina gefunden!« Dann bücken sie sich und heben irgendwas Unsichtbares auf, das jedenfalls sehr winzig sein muss, denn sie balancieren es dann auf der Handfläche. Hannes hat es sogar mal heruntergepustet.

Es scheint ihnen viel Spaß zu machen, ausgerechnet Stina dafür auszuwählen. Wahrscheinlich, weil sie sich dann noch größer fühlen können. Und groß zu sein, das ist in Ordnung. Klein zu sein dagegen – da stimmt doch was nicht, oder?

Stina lässt sich aber nicht so einfach ärgern. Meistens lacht sie mit den Jungs mit und zwar am lautesten von allen. Sie findet deren komische Ideen sehr lustig. Und außerdem merkt sie, dass die Jungs schrumpfen, wenn sie mitlacht. Vielleicht liegt das aber auch daran, dass sie wächst, wenn sie lacht. Sie fühlt sich dann groß genug. Und das stimmt ja auch: Sie ist groß genug. So groß eben wie Stina.

Aber irgendwie lassen die Jungs nicht locker. Mit immer neuem Quatsch versuchen sie, Stina kleinzukriegen. Sie wollen wohl sehen, wann Stina aufgibt und zeigt, wie klein sie wirklich ist!

»Na, Stina, wann bist du denn heute Morgen aus deinem Mauseloch gekrabbelt?«, fragt Hannes und hält ihr ein Stück Käse vor den Mund.

»Bist du ein Kater oder warum fragst du so blöd?«, sagt Stina und hätte ihn am liebsten in den Finger gebissen.

Allmählich gefällt ihr das Ganze nicht mehr so gut. Und es tut ihr doch ein bisschen weh im Bauch. Da hilft alles Lachen nichts. Können die Jungs nicht mal zur Abwechslung die Petra ärgern? Die ist doch so groß und fällt genauso auf wie Stina, nur andersrum. Aber bei der trauen sich die Jungs nichts, denn Petra ist so stark, die könnte den Hannes direkt auf den Arm nehmen.

Stina überlegt, ob sie sich bei Frau Bingbein,

der Klassenlehrerin, beschweren soll. Aber eine Petze will sie auch nicht sein. Also hält sie ihren Mund.

Wenn Hannes mich das nächste Mal ärgert, knall ich ihm eine, denkt sie. Ohrfeigen austeilen – sie weiß, wie das geht. Und es juckt sie schon richtig in den Fingern, wenn sie Hannes nur anschaut.

Auf dem Heimweg kommt sie beim Spielwarengeschäft vorbei und bleibt wie immer vor dem Schaufenster stehen. Dort entdeckt sie etwas. Da ganz an der Seite. Aber was, das wird noch nicht verraten! Das ist nämlich jetzt Stinas Geheimidee.

Stina hüpft fröhlich im Zickzack nach Hause und rennt in ihr Zimmer, zur Fensterbank, wo ihre Spardose steht. Die wird jetzt kräftig geschüttelt und das gibt ein prima Geräusch. Schön voll hört es sich an. Genug gespart! Jetzt will Stina endlich auch was von dem Geld kaufen.

Sie schaut auf die Uhr. Es ist noch genug Zeit bis zum Mittagessen. ›Wenn man so etwas kaufen will, dann muss man es gleich tun‹, denkt Stina, ›sonst ist jemand anderes schneller!‹

Aber niemand ist jetzt schneller als Stina. Sie flitzt durch die Straßen, und als sie vor dem Schaufenster anhält, guckt sie sich die Sache noch einmal lange an. Von oben bis unten, von unten bis oben. ›Das ist viel besser als eine Ohrfeige‹, denkt sie, ›und das hält auch länger!‹

Dann geht sie in das Geschäft und gibt ihr ganzes Geld dafür aus. Wofür? Das wird immer noch nicht verraten!

Stina trägt es nach Hause und stellt es in den Garten. Und gleich nach dem Mittagessen fängt sie an zu üben. Den ganzen Nachmittag übt sie und dann kann sie es, und zwar ziemlich gut und schnell …

Am nächsten Morgen passiert Folgendes:

Die ganze Schulklasse sitzt schon da zur ersten Unterrichtsstunde. Nur Stina fehlt noch. Frau Bingbein schreibt etwas an die Tafel. Da klopft es plötzlich an der Tür.

»Ja, bitte!«, ruft Frau Bingbein.

Aber niemand kommt herein. Stattdessen klopft es wieder, laut und polterig.

»Hannes, könntest du bitte mal die Tür öffnen«, sagt Frau Bingbein. Sie wischt sich ihre Kreidefinger am Tafellappen ab, aber die werden dadurch noch weißer.

Hannes geht und öffnet die Tür.

Da steht Stina und ist riesengroß und schaut von oben herab auf Hannes.

»Na, Kleiner?«, sagt sie.

Jetzt endlich soll das Geheimnis verraten werden:

Stina hat sich ein Paar Stelzen gekauft!

Hannes steht da und staunt und grinst. Stina schiebt ihn mit ihrem neuen, langen Holzbein aus dem Weg und stelzt zu ihrem Platz. Tock-tock-tock macht Stina die Große.

Die Kinder kichern. Frau Bingbein weiß nicht, was sie sagen soll. Sie wischt sich noch immer die Finger am Tafellappen ab.

Dann springt Stina herunter und legt die Stelzen neben sich auf den Fußboden.

»Da bist du ja mitten in der Nacht gewachsen!«, meint Frau Bingbein.

In der Pause auf dem Schulhof zeigt Stina den anderen, wie's geht. Sogar Hannes darf mal probieren und er stellt sich gar nicht so dumm an. Fünf Schritte schafft er, ohne das Gleichgewicht zu verlieren.

»Nicht schlecht, Kleiner!«, sagt Stina zu ihm. Er grinst. Er grinst eigentlich nur noch, denn ihm fallen plötzlich keine Ärgereien mehr ein. Und außerdem ist Stina einfach riesig!

Am nächsten Tag haben sich noch mehrere andere Kinder Stelzen gekauft. Sie gehen alle neben-

einander auf dem Schulhof herum und gucken sich die Welt von oben an. Wie klein alle von hier oben aussehen! Sogar die Petra ist winzig!

Und dann veranstalten sie ein Stelzen-Wettrennen über den Schulhof, von einem Mülleimer zum nächsten. Die anderen Kinder schauen zu und klatschen. Viele kleine Stelzenspuren drücken sich in den Sand des Schulhofs. Fast hätte Hannes gewonnen, aber nur fast. Eine war eben doch noch schneller: Stina die Große.

Dinos aus Schrott

Am Stadtrand gibt es einen Kiessee, in dem man baden kann. Und neben dem Kiessee ist der große Schrottplatz. Hierher kommen die großen Laster gefahren mit dem neuen Schrott der Stadt. Den kippen sie dann auf den alten, der sich in hohen Bergen auftürmt.

Es ist für Kinder verboten, sich dort aufzuhalten. Dabei kann man hier doch gar nichts mehr kaputt machen. Es ist ja schon alles kaputt. Und das ist gerade das Spannende! Denn jeder weiß, dass man aus kaputten Sachen die besten neuen Sachen basteln kann. Tobias und Emil jedenfalls wissen das. Sie kommen gerade vom Baden und gehen am Schrottplatz vorbei und schauen den Lastern zu, die dort herumfahren.

»Wir müssen wiederkommen, wenn die Laster Feierabend haben. Dann stört uns keiner«, sagt Emil.

Es sind gerade Sommerferien. Da bleibt es abends lange hell und die Eltern schicken die Kinder auch nicht so früh ins Bett. Außerdem hat Tobias nur eine Mutter. Der Vater ist fortgegangen. Seitdem sagt die Mutter nicht mehr so oft, was Tobias darf oder nicht darf. Sie hat einfach nicht mehr so viel Zeit. Da ist Tobias froh, dass er Emil hat. Der weiß immer, wo es langgeht. Denn er hat zwei große Brüder, die ihm vormachen, was man alles machen kann. Und das ist immer mehr als das, was man nicht machen sollte.

Auf den Schrottplatz gehen, das gehört zu den Dingen, die man unbedingt tun muss.

Das sieht Tobias ein.

Als sie am nächsten Abend mit den Fahrrädern dort hinradeln, ist Tobias doch ein bisschen mulmig zumute. Aber das ist jetzt egal.

Der Platz mit den Schrottbergen liegt verlassen da. Es ist ganz still. Nur ein paar Grillen zirpen und vom See her hört man Stimmen und abfahrende Autos. Die kommen hier aber nicht entlang. Keiner wird sehen, wie Tobias und Emil auf den Platz gehen.

Da ist der erste Schrottberg. Von Nahem sieht er noch viel größer aus. Sie schauen hinauf bis zu seiner Spitze, über der die Sonne steht. Der

Schrott dort oben blitzt und glüht. Eisen und Metall, Blechtonnen und alte Betonmischer glänzen in diesem Abendlicht und blenden, sodass Tobias und Emil sich die Hände vor die Augen halten müssen.

Sie gehen um den nächsten Berg herum. Tobias riecht, dass es hier stinkt. Emil findet eine alte Schubkarre und geht damit weiter. »Hiermit können wir ein paar Sachen transportieren!«, ruft er begeistert.

Er wird immer mutiger und springt jetzt auf den Berg. Es knirscht und knackt unter seinen Schuhen.

»Komm, Tobias! Hier oben sind ganz tolle Sachen!«, ruft er und zieht einen Fahrradreifen aus dem Gerümpel.

Tobias kramt lieber weiter unten und entdeckt ein kleines Häuschen mit einem roten Dach. Es ist kein bisschen kaputt.

»Das nehme ich mit nach Hause«, beschließt er. »Das wird der Bahnhof für meine elektrische Eisenbahn.« Die hat ihm der Vater vor ein paar Jahren geschenkt, bevor er fortgegangen ist. Auf einmal weiß Tobias auch, woran ihn das kleine Haus erinnert: In so einem Bahnwärterhaus hat der Opa gewohnt, bevor er gestorben ist. Und ganz früher der Vater als Kind. Er schaut das kleine Haus lange an. ›Das ist jetzt meines‹, denkt er und das gefällt ihm.

Da springt Emil vom Berg herunter und sagt: »Jetzt spielen wir Lavaexplosion. Dies sind alles Vulkane und der Schrott ist die Lava, die oben aus dem Krater ausgespuckt wird. Und die Lava ist ganz heiß und läuft und überschwemmt alles und wir müssen fliehen!«

Er lässt seine Schubkarre stehen und rennt los. Tobias klemmt sein Häuschen unter den Arm. Und so laufen sie wie die Wilden vor der Lavaexplosion davon und rennen auf dem ganzen Schrottplatz herum. Der wird immer größer und weiter. Hinter jedem Berg kommt noch einer und noch einer.

Schließlich sind sie ganz außer Puste und lassen sich auf die Erde fallen. Zum Glück haben die Krater inzwischen aufgehört zu spucken und sie sind gerettet. Da merken sie, dass die Sonne schon fast untergegangen ist. Es wird schon dunkel!

»So sieht es bestimmt auf dem Mond aus«, sagt Tobias und betrachtet die Schrottlandschaft in der Dämmerung.

Emil steht auf und sagt: »Ich will jetzt heim.«

Ihm gefällt es plötzlich gar nicht mehr hier.

Sie brechen auf und gehen und gehen. Aber wo geht es nach Hause? Es wird immer dunkler.

»Wo steht meine Schubkarre!?«, fragt Emil. »Ich will meine Schubkarre mitnehmen!«

Aber sie finden den Berg nicht mehr. Alle Berge sehen so gleich aus – wie große, schwarze Riesen.

Da geht der Mond auf und wirft ein blasses Licht auf den Schrott und auf die Wege dazwischen, auf denen Tobias und Emil immer noch herumschleichen.

Auf dem Mond sind wir hier nicht, denkt Tobias. Aber er fühlt sich doch so. Ganz fremd und weit weg. Gut, dass er das kleine Haus unter dem Arm dabeihat. Das Dach schimmert ein bisschen im Mondlicht. Es kommt Tobias so vor, als könnte er durch die Fenster ins Haus hineingucken und den Vater und den Opa dort am Tisch sitzen sehen. Gerade überlegt er sich, was sie da wohl essen. Da stupst Emil ihn mit dem Ellbogen in die Rippen.

»Findest du auch, dass die Berge hier aussehen wie Dinosaurier?«, fragt er und klingt ganz ängstlich.

Tobias schaut sich um und erschrickt. Tatsächlich. Emil hat recht. Dinosaurier stehen hier überall. Und hat der eine da sich nicht gerade bewegt?

Und der andere dort – hat der nicht furchtbar große, schummrige Augen?

Eigentlich weiß keiner von ihnen, wo es langgeht. Aber sie trauen sich auch nicht, stehen zu bleiben. Nicht hier bei den Dinos, die so unheimliche Schatten werfen.

Also rennen Tobias und Emil los. Geradeaus, nach links, nach rechts und immer weiter. Plötzlich stolpert Tobias über einen Blechkanister. Er verliert das Gleichgewicht und das kleine Haus rutscht ihm aus dem Arm und fällt zu Boden.

Emil ruft: »Lass es liegen! Wir müssen weiter, schnell!«

Aber Tobias denkt nicht daran! Ohne sein Haus geht er nicht heim! Er bückt sich, hebt es auf und sieht, dass das Dach beschädigt ist. Der Schornstein ist abgebrochen.

Macht nichts, denkt er. Es wird ja auch nicht mehr darin geheizt. Aber ihm schießen doch die Tränen in die Augen. Und der Opa und der Vater, die essen da auch nicht mehr drin. Aber es ist immer noch ein tolles Bahnwärterhaus.

»Komm endlich!«, ruft Emil von Weitem.

Da setzt Tobias sich das kleine Haus einfach auf den Kopf. Es sitzt wie ein Hut und wie ein Dach und er fühlt sich gut darunter. Und auf einmal

weiß er auch, dass er den Weg nach Hause finden wird.

»Die Dinos schlafen alle!«, ruft er Emil zu.

Da riecht er etwas Komisches. Seine Nase weiß sofort: Hier stinkt es wie an der Stelle, an der er das Haus gefunden hat. Und es ist wirklich dieselbe Stelle! Da steht auch die Schubkarre im Mondlicht. Aber Emil will sie gar nicht mehr.

Jetzt wissen sie wieder, wo sie sind. Dort hinten geht es auf die Straße. Und da sind auch ihre Fahrräder.

Vulkane, Krater, Lava, Mondlandschaft und Dinos. Ziemlich viel Abenteuer auf einmal. Aber das Beste ist das kleine Haus. Tobias nimmt es vom Kopf und klemmt es auf den Gepäckträger. Dann radeln sie durch die Sommernacht nach Hause, mit dem Gefühl, Dinosaurier besiegt zu haben. Und der Mond glaubt's ihnen sogar.

Wo hält sich das Glück versteckt?

Julia und ich sind Zwillinge. Im Gesicht sehen wir genau gleich aus. Und wir sind auch gleich groß und gleich dünn. Aber sonst sind wir ganz und gar verschieden. Wie Tag und Nacht, sagt Mama. Und wir können uns prima streiten. Dann kratzt Julia mich und ich schlage meine Zimmertür ganz laut zu.

Aber in einer Sache waren wir uns früher immer einig: Wir wollten später, wenn wir groß sind, ganz reich sein. Das ist jetzt nicht mehr so. Aber früher stellten wir uns oft vor, wie es wäre, viel, viel Geld zu haben. Was man dann alles kaufen und machen könnte!

»Ich möchte ein großes Haus mit vielen Balkons und kleinen Türmchen haben«, sagte Julia. »Und ein Pferd und eine Taucherausrüstung und eine Segeljacht und so.«

»Und ich möchte ein eigenes Flugzeug haben,

mit dem ich um die ganze Welt reisen kann. Und überall kaufe ich mir Ferienhäuser. Dann bin ich überall zu Hause.« So habe ich gedacht.

Natürlich wollten wir auch den anderen Menschen mit unserem Geld Gutes tun, Geschenke verteilen und eine Harry-Potter-Zauberschule für Kinder einrichten. Aber vor allem dachten wir an viele schöne Kleider und glitzernde Perlenketten. An all das, was Mama nicht hat und Papa nicht und Julia und ich erst recht nicht.

Papa ist arbeitslos und Mama sitzt im Supermarkt an der Kasse und verdient nicht viel.

Deswegen haben Julia und ich auch so wenig Taschengeld. Wir verraten niemandem in der Schule, wie wenig das ist, wir tun einfach so, als hätten wir genug.

Eines Tages kam ein neues Mädchen in unsere Schulklasse, Barbara. In der Pause hat sie mit einem winzig kleinen Handy telefoniert, das ihr ganz allein gehört. Sie hat da jemanden gefragt, was es heute zum Mittagessen gibt. Aber das hat ihr wohl nicht gefallen, denn sie sagte: »Nein, ich will aber Pfannkuchen!« Und als sie dann aufhörte zu telefonieren, sah man ihrem Gesicht an, dass es heute also Pfannkuchen geben würde.

Barbaras Eltern sind so reich, das kann man gar

nicht beschreiben. Julia und ich haben es gesehen, denn wir waren schon bei Barbara zu Hause zum Spielen eingeladen. Barbara hat alles und darf alles und ihr Haus ist so wie im Fernsehen. Sie haben sogar ein Schwimmbad im Keller.

»Ich werde mir später auch ein Schwimmbad einbauen lassen«, sagte ich beim Abendessen nach dem Besuch bei Barbara.

»Geld bringt kein Glück!«, sagte Papa.

»Aber du ärgerst dich doch, dass du keins hast!«, sagte Julia.

»Ich möchte gern arbeiten und Geld verdienen, aber Glück ist was anderes«, sagte er.

»Was denn?«, fragte ich. Und jetzt war ich neugierig.

»Morgen ist Sonntag«, sagte Papa. »Morgen gehen wir auf die Suche nach dem Glück, das man nicht kaufen kann!«

Und das haben wir dann gemacht. Und stellt euch vor, wir haben es sogar gefunden! Aber wenn ihr jetzt denkt, dass das Glück soundso aussieht und dass man es da und da findet, dann irrt ihr euch gewaltig. Das Glück hält sich nämlich immer versteckt. Und doch kann man es finden.

Wir sind also am nächsten Morgen gleich nach dem Frühstück losgegangen, alle zusammen.

»Erst mal immer der Nase nach«, schlug Papa vor. Also gingen wir geradeaus die Straße hoch, dann in den Park. Da sind wir herumgelaufen, einmal um den Teich und haben geguckt und gesucht. Aber vom Glück keine Spur. Und dann hat es auch noch angefangen zu regnen. Wir gingen zum Kiosk und haben uns untergestellt. Mama hat uns ein Eis spendiert. Es hat gut geschmeckt, aber nicht nach Glück.

Da zeigte Papa auf eines der Hochhäuser in der Ferne und sagte: »Mein großer Zeh juckt so, als müsste ich da hinaufsteigen.«

Wir kicherten und machten uns auf den Weg. Das Hochhaus gehört einer Bank und für einen Augenblick dachte ich, Papa würde sich da jetzt doch Geld holen, um sich was Schönes zu kaufen. Aber die Bank hatte sonntags für alle eine bestimmte Tür geöffnet, durch die man zu einem Fahrstuhl kam. Und mit dem sind wir ganz hoch hinaufgefahren – bis fast zum Himmel.

Es gab hier eine Plattform mit gläsernen Wänden, durch die man über die ganze Stadt sehen konnte, bis hin zu den Bergen.

»Diese weite, weite Welt!«, rief Papa. »Das ist für mich Glück, das alles von hier oben zu sehen!« Er sah wirklich glücklich aus in dem Moment und ich gebe zu, dass der Ausblick hier oben bombastisch war. Aber mein großer Zeh sagte mir, dass Glück für mich etwas anderes ist.

Wir liefen dann den ganzen Tag in der Stadt herum und haben weitergesucht. Das hat Spaß gemacht. Aber wo hielt sich mein Glück versteckt?

Julia hat ihres im Park gefunden auf dem Heimweg. Es hatte aufgehört zu regnen, die Sonne glitzerte im Teich und Julia blieb stehen, bückte sich und hob einen großen Stein auf. Es wimmelte darunter von lauter kleinen Tieren, die ganz aufgeregt waren, weil die Sonne sie wohl kitzelte. Das gefiel Julia sehr. Sie konnte gar nicht genug daraufstarren und schließlich sagte sie: »Das ist mein Glück!«

Das konnte ich gar nicht verstehen. Solches Kleinvieh ist doch kein Glück. Typisch Julia.

Mama und ich hatten immer noch keines, aber wir waren so müde, dass wir doch heimwollten.

»Ich habe jetzt so richtig Hunger auf Spaghetti«, rief Mama. »Das ist für mich jetzt das größte Glück der Welt, dass wir noch welche im Haus haben!«

Sie hat uns leckere Spaghetti gemacht und wir haben sie bei Kerzenlicht gegessen. Das war sehr schön, vor allem für Mama.

Jetzt war ich die Einzige, die noch kein Glück gefunden hatte.

»Vielleicht ist es für mich eben doch das Geld«, sagte ich und dachte an Barbara.

»Manchmal muss man auf das Glück auch warten«, meinte Papa und nahm einen großen Schluck Bier.

Als ich abends im Bett lag, war ich gar nicht unglücklich, im Gegenteil.

»Ich hab's!«, rief ich und setzte mich auf.

»Was denn?«, murmelte Julia, die schon fast schlief.

»Ich bin glücklich darüber, dass wir heute losgegangen sind, um das Glück zu suchen!«, sagte ich. »Und ich bin so froh darüber, dass man das Glück nicht kaufen kann. Denn dann werde ich meins bestimmt auch noch finden.«

Und dann schlief ich ein und träumte – ratet mal wovon.

Luisas Löwe

Wenn man hinter dem Fußballplatz durch das kleine Wäldchen geht und dann Anlauf nimmt und über den kleinen Bach springt, kommt man auf eine große Wiese. Seit gestern steht da ein großes, bunt gestreiftes Zirkuszelt und drum herum lauter Campingwagen. Es gibt auch Ställe für die Pferde, Affen, Ziegen und Lamas. Und in einem kleinen Wagen wohnt sogar ein Bär, der bei den Zirkusvorstellungen wunderschön tanzt. Hinter den dicken Eisenstäben des Käfigwagens wohnen ein Tiger, ein Panther und ein Löwe mit seiner Löwin. Diese Tiere gehören schon fast Luisa.

Denn Luisa ist die Tochter von Panko und der ist der Raubtierdompteur. Er muss nur mit der Zunge schnalzen und schon springt der Tiger durch den brennenden Reifen oder der Löwe sperrt sein Maul so weit auf, dass man beinahe vor Schreck vom Klappsitz fällt. Panko geht in einem glänzenden schwarzen Anzug in der Manege herum, knallt mit der Peitsche auf den Sägemehl-Boden und die Tiere schleichen graziös umher, springen durch die Luft oder schlagen mit dem Schwanz. Und weil Panko keine Angst hat, hat Luisa auch keine. Sie darf zwar nicht allein zu den Tieren, aber sie kennt sie alle ganz genau und spricht mit ihnen wie mit Freunden.

Es ist ein sonderbares Leben, das Luisa führt: Mal wohnt sie hier, mal da, und es gibt einen extra Lehrer für sie und die anderen Zirkuskinder. Er unterrichtet sie vormittags in seinem Campingwagen und nachmittags übt er auf dem Hochseil.

In diesem Sommer aber soll Luisa endlich ein Erstkommunionkind werden. Also muss sie auch zur Gruppenstunde ins Dorf.

Panko bringt sie in seinem alten Porsche hin. Wenn die Gruppenstunde endlich aus ist, fragen die Jungs Luisa, was der Löwe so im Durchschnitt frisst und woher der Panther kommt. Und die Mädchen wollen wissen, ob Luisa auch Salto mortale kann.

»Kommt mich doch besuchen«, sagt Luisa eines Tages, bevor sie zu Panko in den Porsche steigt. »Dann zeig ich euch alles!«

Gleich am nächsten Tag kommen die Kinder

zum Zirkusplatz. Die Nachmittagsvorstellung ist gerade zu Ende. Der Clown schlendert aus dem Zelt und reißt sich die Pappnase ab.

»Können Sie uns sagen, wo Luisa ist?«, fragt Susanne.

»Dahinten beim wilden, wilden Käfig steht Prinzessin Luisa und zähmt ein neues Tier!«, sagt der Clown und schlägt ein Rad.

Ah, dahinten ist sie ja! Aber was hat sie da im Arm? Die Kinder laufen hin und trauen ihren Augen nicht. Da sitzt Luisa auf einem umgedrehten Eimer und hält ein Löwenbaby im Arm!

»Ist das deins?«, flüstert Judith und fühlt sich wie verzaubert.

»Ja«, sagt Luisa und gibt dem Tier einen Kuss zwischen die Ohren, die aussehen wie aus Plüsch. »Das ist mein kleiner Riese! Ich füttere ihn mit der Flasche«, strahlt sie begeistert.

Den ganzen Nachmittag bleiben die Kinder bei Luisa und Riese. Abwechselnd tragen sie ihn übers Gelände. Luisa zeigt ihnen alles. Aber Riese ist und bleibt das Allertollste, was sie je gesehen haben. Wenn er sein Maul aufreißt und zu knurren versucht, kann man schon ahnen, was für ein Riese er einmal werden wird. Und wenn man dann noch die Hand in seinen kleinen Rachen steckt, dann

Rie

wächst das Herz schlagartig um mindestens drei Zentimeter.

Die Kinder kommen jetzt jeden Nachmittag zum Zirkusplatz und spielen mit Luisa und Riese und beobachten, wie Riese immer löwiger wird.

Eines Tages läuft Luisa ihnen entgegen und die Tränen laufen ihr übers Gesicht. »Riese ist weg!«, ruft sie. »Ich habe ihn schon überall gesucht. Panko muss bald die Polizei informieren und dann gibt's Ärger. Wir müssen Riese unbedingt finden!«

Das ist ein Fall für Johannes. Er will später sowieso Kriminalkommissar werden. Also übernimmt er die Sache.

»Du suchst dort, du suchst da, du dort und du da!«, befiehlt er mit ein paar lässigen Handbewegungen und alle Kinder laufen in die verschiedenen Himmelsrichtungen auseinander.

»In einer Stunde seid ihr alle wieder hier zur Lagebesprechung!«, schreit Johannes ihnen nach und macht sich ein paar Stichworte in sein Kommunionheft. Das muss alles ins Protokoll. Niko läuft über den Fußballplatz bis zum angrenzenden Hühnerstall. Hühner riechen bestimmt gut für Löwennasen, denkt er und schnuppert, so wie Riese es immer tut. Da hört er schon ein ohrenbetäubendes Gackern: Die Hühner rasen wie die

Wilden hinter dem Zaun herum. Aber am wildesten ist Riese, der dort am Maschendraht entlangrennt und nach einem Eingang sucht.

Niko bleibt stehen. Einen Löwen auf Hühnerjagd, das hat er noch nie gesehen. Er nimmt all seinen Mut zusammen und steckt ihn in die Stimme: »Riese!«

Der kleine Löwe schaut kurz zu ihm rüber. Aber die Hühner findet er dann doch viel interessanter als Niko.

»Hey!«, ruft da jemand mit tiefer Stimme. Es ist der Bauer, der angelaufen kommt. Als er Riese sieht, bleibt er mit großen Augen stehen und stammelt: »Was ist das denn?«

»Das ist nur Riese«, antwortet Niko. »Haben Sie ein Seil?« Der Bauer brummt laut, geht in den Hühnerstall und kommt mit einem alten Kartoffelsack wieder.

Als Niko auf Riese zugeht und den Kartoffelsack über ihn zu stülpen versucht, denkt Riese, dies sei ein neues Spiel und faucht begeistert. Es gelingt Niko, den Sack um Riese zu wickeln und ihn dann hochzunehmen. Riese guckt so erstaunt wie eben ein Löwe, der auf den Arm genommen wird. Aber anscheinend ist er von seinem Hühnerausflug ziemlich müde geworden. Er gähnt und macht es sich bei Niko bequem. Der ist ungeheuer stolz auf diese gelungene Safari.

»Sagen Sie nichts der Polizei, sonst gibt's Ärger!«, ruft er dem Bauern zu, der immer noch dasteht und glaubt, er sei in Afrika.

Dann trägt Niko Riese zum Zirkus zurück. Wie schwer der ist! Luisa steht bei Kommissar Johannes und redet aufgeregt. »Ich hab ihn!«, schreit Niko.

Luisa jubelt auf und Johannes notiert schnell alles in sein Heft. »Fall erfolgreich abgeschlossen«, grinst er.

Panko kommt dazu und meint: »Luisa, ich glaube, Riese gehört allmählich zu den anderen Raubtieren. Es wird Zeit. Er will keine Flasche mehr, er will Fleisch.«

»Hm«, seufzt Luisa und krault Riese zwischen den Ohren. »Willst du das wirklich?«, fragt sie ihn. Er schnappt zärtlich nach ihrer Nase und da glaubt sie ihm.

Gemeinsam mit Panko gehen sie zum Raubtierwagen. Panko öffnet die Gittertür einen Spalt. Luisa drückt Riese fest an sich und lässt ihn dann hinein.

»Er bleibt ja trotzdem mein Löwe«, sagt sie. »Er ist eben nur kein Baby mehr.«

Jeschke, Tanja:
Das neue Geschichtenbuch zur Erstkommunion
ISBN 978 3 522 30193 0

Gesamtausstattung: Isabelle Dinter
Einbandtypografie: Michael Kimmerle
Schrift: Palatino und HenryHand
Reproduktion: Photolitho AG, Gossau / Zürich
Druck und Bindung: Friedrich Pustet, Regensburg

Die Geschichten sind erstmals 2002 erschienen.
5 4 3 2 1°   10 11 12 13

www.gabriel-verlag.de